1960年代～70年代
空から見た九州の街と鉄道駅

解説　山田 亮

洞海湾に架かる「若戸大橋」の開通式。若松と戸畑を結ぶ橋で、建設当時は東洋一の
◎1962年9月26日　提供：読売新聞社

1章【福岡県】
- 門司港駅 ……… 6
- 博多・中洲・天神の街並み ……… 8
- 中洲付近 ……… 10
- 西鉄福岡駅と岩田屋 ……… 12
- 大濠公園と周辺住宅地 ……… 14
- 福岡市西部・紅葉山公園 ……… 15
- 小倉駅周辺 ……… 16
- 小倉城と小倉中心部 ……… 19
- 門司〜小倉間 ……… 20
- 福岡市のビジネスセンター中洲、天神付近のビル街 ……… 21
- 八幡製鉄所 戸畑製造所 ……… 22
- 山陽新幹線の試運転列車とＳＬ ……… 24
- 門司港駅と関門海峡 ……… 26
- 大牟田駅と大牟田市内 ……… 28
- 大牟田駅周辺 ……… 30
- 三井三池炭鉱三川抗 ……… 32
- 田川の炭鉱住宅街 ……… 33
- 久留米市中心部 ……… 34
- 山田市街 ……… 36
- 二日市市街 ……… 37
- 飯塚付近のボタ山 ……… 38
- 直方市街 ……… 39
- 大宰府天満宮と西鉄大宰府駅 ……… 40
- 遠賀川駅付近 ……… 42
- 筑後市街 ……… 43
- 行橋駅周辺 ……… 44
- 豊前市街 ……… 45
- 博多駅周辺ＭＡＰ ……… 48
- 小倉駅周辺ＭＡＰ ……… 50

2章【佐賀県】
- 伊万里市街地 ……… 56
- 鹿島市中心部 ……… 57
- 佐賀駅付近 ……… 58
- 佐賀市中心部 ……… 60
- 鳥栖駅周辺 ……… 62
- 唐津市街地 ……… 64
- 佐賀駅周辺ＭＡＰ ……… 66

3章【長崎県】
- 長崎駅周辺 ……… 70
- 長崎駅前 ……… 72
- 長崎市中心部と長崎港 ……… 74

長崎平和公園と浦上天主堂 …… 76	5章【大分県】	延岡の中洲 …… 126
佐世保駅 …… 78	大分駅周辺 …… 104	日南市飫肥の市街地 …… 127
佐世保港の米軍岸壁 …… 80	大分県庁と府内城址 …… 106	宮崎駅周辺ＭＡＰ …… 129
佐世保駅 …… 82	別府タワー …… 108	
島原市街地 …… 84	別府温泉街 …… 109	7章【鹿児島県】
長崎駅周辺ＭＡＰ …… 86	中津市街地 …… 110	西鹿児島駅から桜島を望む …… 132
	九重連山を飛ぶDC-3 …… 112	川内市街 …… 133
4章【熊本県】	大分駅周辺ＭＡＰ …… 114	鹿屋市中心部 …… 134
熊本駅周辺 …… 90		阿久根市街地 …… 135
熊本城と熊本市街 …… 92	6章【宮崎県】	薩摩大口駅周辺 …… 136
人吉市街と球磨川 …… 94	宮崎駅周辺 …… 120	指宿市街地 …… 137
八代市内の球磨川と前川 …… 95	大淀川沿いの宮崎市役所 …… 122	枕崎市街地 …… 138
特急「はやぶさ」誕生 …… 96	都城市街地 …… 124	名瀬市街地 …… 139
熊本駅周辺ＭＡＰ …… 98	平和の塔 …… 125	西鹿児島駅周辺ＭＡＰ …… 140

田畑が残る博多駅周辺
1964（昭和39）年

博多駅は1963年12月に旧博多駅の東側600mの場所に移転した。画面下部左側には旧駅および旧線の跡が空地となって広がっている。新駅と結ぶ駅前通り（大博通り）が開通しているが、周囲は古い家屋と田畑が点在。現在のビル街からは想像もつかない。画面上方に板付空港（福岡空港）が広がる。駅前には翌1964年7月、西鉄福岡市内線循環線が乗入れた。

提供：読売新聞社

はじめに

　本書は今から半世紀前、1965（昭和40）年前後に撮影された九州の街、駅、鉄道の写真集で、新聞社の飛行機・ヘリコプターからの空撮が中心である。

　当時の九州は産業面では北部の重工業中心に対し、南部は農業、水産業中心でまさに対照的であったが、観光面では阿蘇に代表される雄大な景観、泉都別府、長崎の異国情緒、宮崎・鹿児島の南国ムードが多くの人を引き付け、まさに憧れの地であった。この時代、海外旅行は一般的ではなく、九州は北海道と並び、新婚旅行（ハネムーン）や修学旅行の目的地だった。

　1965年秋の時点における九州の鉄道を概観すると、電化は鹿児島本線が先行し熊本まで達していたが、それ以外の線区は非電化のままであり、SL（蒸気機関車）王国でもあった。近代化の遅れを補っていたのはディーゼル車による急行、準急で主要都市を結び、高速運転、煙から解放された蛍光灯の明るい車内が大好評であった。

　飛行機は東京（羽田）〜大阪（伊丹）〜福岡（板付）間にジェット機が就航していたが、長崎（大村）、熊本、大分、宮崎、鹿児島の各空港はローカル空港であり、機材も小型で輸送力は小さかった。なにより航空運賃は当時の所得や物価の水準と比べて著しく高く「限られた人の交通機関」であり、東京〜九州間の交通の主力は毎日5往復運転されていた国鉄の寝台特急であった。

　本書に取り上げられた各都市を眺めると中心地のデパートや商店街がにぎわっており、郊外の大型ショッピングセンターはもちろん出現していない。日曜になると近郊から多くの人々が列車やバスでやってきて、日用品などの買い物を楽しんだ。本書で当時の街並みからその時代の人々の生活に思いを馳せていただければ幸いである。

2018年6月　山田 亮

第1章
Fukuoka

福岡県

商業の福岡、工業の北九州が支える九州の中心

博多駅前に停まる西鉄福岡市内線。背後の駅舎には「日本食堂」「国鉄バスのりば」と大きく書かれている。
◎1964年2月　撮影：山田虎雄

門司港駅

第1章 福岡県

1977（昭和52）年

提供:読売新聞社

1914(大正3)年に造られたルネサンス様式の門司港駅は、文字通り九州の玄関である。1942年の関門鉄道トンネル開通までの駅名は門司であり、対岸の下関との間を関門連絡船が結んでいた。トンネル開通時に門司は門司港に、次駅の大里(だいり)が門司と改称された。ホームは頭端式と呼ばれる行き止まり式で、改札口の先に列車の「顔」が並び、始発駅にふさわしかった。駅2階には旧貴賓室もあり、駅舎の各所に大正や昭和初期の装飾が残されている。

第1章 福岡県

博多・中洲・天神の街並み
1959（昭和34）年

提供：読売新聞社

写真中央には天神ビルが建設中で、その右側（南側）に岩田屋百貨店と西鉄福岡駅がある。西鉄福岡駅はこの頃は地平ホームだった。写真右側、西鉄福岡駅の東側には低層の建物が並び、福岡市役所と福岡県庁が通りを挟んで向き合うように建っている。上方の川は那珂川で、その先に中洲が見える。左側上方の広い通りが昭和通り、中央の路面電車（西鉄福岡市内線）の走る通りが明治通りで市の東西を貫く幹線道路である。

第1章 福岡県

中洲付近
1964(昭和39)年

提供:読売新聞社

那珂川の本流(写真中央)が博多川(左側上方)と別れた場所にできあがった三角洲(画面左側)が中洲である。九州随一の歓楽街として知られ、川に挟まれた狭い土地に高密度で飲食店、映画館、アミューズメントセンターが集まる。写真右側には「天神」の語源となった水鏡天満宮がある。下側の通りは昭和通りで、その上流側が明治通り(中州大橋)で西鉄福岡市内線が通っていた。写真左上には、移転した博多駅が見える。

提供:読売新聞社

第1章 福岡県

西鉄福岡駅と岩田屋
1964(昭和39)年

福岡の中心地天神にある西鉄(西日本鉄道)のターミナル西鉄福岡駅とその周辺。西鉄福岡駅舎と高架ホームは1963年に完成した3代目で、隣接してターミナルデパート岩田屋がある。その北側には天神ビルがあり威容を誇った。駅東側には福岡ビルがあり、官庁街が隣接し福岡県庁、福岡市役所がある。駅南側の白い屋根は福岡スポーツセンター、さらに南の線路沿いに警固公園と警固神社があり、写真左下の電波塔のあるビルは福岡電電総合ビル。上部には那珂川と博多港が見える。

第1章 福岡県

大濠公園と周辺住宅地
1964（昭和39）年

提供：読売新聞社

写真中央が大濠公園。黒田長政が築いた福岡城の外濠に利用された入江を昭和初期に埋め立てて公園とした。中央部の池は中国の西湖を模したとされる。池の東側（写真下）は福岡城址で、戦前は旧陸軍の兵舎と練兵場があり、戦後は舞鶴公園として市民に開放された。写真右下に平和台陸上競技場と西鉄ライオンズの本拠地平和台球場がある。上部の海岸線は現在では埋め立てられ、シーサイドをもち海浜公園となり、福岡ヤフオク！ドーム、福岡タワーがある。その先には室見川が流れている。写真右の濠沿いに西鉄福岡市内線が通る。

第1章 福岡県

福岡市西部・紅葉山公園
1964（昭和39）年

提供：読売新聞社

この付近は福岡市西部の住宅地で、現在は早良区になっている。写真中央の小高い森は皿山と呼ばれ、紅葉山公園、紅葉八幡がある。皿山の名はここに黒田藩ゆかりの高取焼の窯場があったことに由来する。右下には祖原公園が見える。下部の住宅地と田園地帯との境に国鉄筑肥線が通っており、左下、皿山（紅葉山公園）の南側正面に国鉄筑肥線（1983年3月廃止）の西新駅が見える。右上の道路（明治通り）の北側に見えるグランドは県立修猷館高校と西南学院大学である。写真左上の川が室見川、写真右上の海岸は埋め立てられシーサイドももち海浜公園、福岡市博物館などがある。

第1章 福岡県

小倉駅周辺
1959（昭和34）年

提供：朝日新聞社

1958年に現在の場所へ移転した国鉄小倉駅。5階建てのいわゆる民衆駅。駅舎後方には1957年まで試合の行われた小倉豊楽園球場。中央左の交差点は魚町交差点で、西鉄北九州市内線の本線（路面電車）が通っていた。駅前から写真下方にかけて平和通りが延びている。交差点の下方に西鉄北九州市内線北方線の魚町電停がある。北方線は北九州市内線本線（軌間1435ミリ）とは別の独立した線で、軌間1067ミリであったが1980年にモノレール建設のため廃止された。現在は平和通り上に北九州モノレールが建設され、写真下方付近に平和通駅がある。

提供:読売新聞社

第1章 福岡県

小倉駅周辺
1964（昭和39）年

小倉駅は以前、現在の西小倉駅付近にあったが、1958年3月、東へ700メートルの現在地に移転し、5階建ての民衆駅と4面8線のホームが完成した。鹿児島本線は門司港〜久留米（荒木）間が1961年に交流電化され架線が張られているが、蒸気機関車（SL）も多数走っていた。1964年当時、小倉に停車する特急は「かもめ」だけで、東京行寝台特急は隣の門司に停車した。写真右側に小倉駅ビルと駅前通り（平和通り）、写真右下は飲食店が集中する京町で、現在でもあまり変わっていない。

第1章 福岡県

小倉城と小倉中心部
1964（昭和39）年

写真中央は小笠原藩ゆかりの小倉城天守閣。幕末に焼失したが1959（昭和34）年に鉄筋コンクリート造りで復元された。中央上は柴川でその背後（画面上部）には小倉中心部、魚町、旦過の商業地。右側中央の空き地には現在北九州市役所がある。写真左上には小倉駅近くの近くの商業地が見える。写真左側は小倉区役所（以前の小倉市役所）。

提供：読売新聞社

第1章 福岡県

門司〜小倉間
1964（昭和39）年

下富野付近から見た鹿児島本線の門司〜小倉間。写真右上は小倉港。右下から左上にかけて国道3号線が延びていて、それに平行して西鉄北九州市内線（門司〜折尾間）が通っていた。この区間では北九州市内線は専用軌道だった。写真左上には小倉駅と小倉中心部が遠望できる。画面から外れるが写真右側の先には東小倉駅があり、添田線添田方面の列車が発着していたが1956年11月に旅客営業が廃止され、貨物駅になった（この改正で添田方面の列車は小倉発着となり、添田線は日田線と改称）。

第1章 福岡県

福岡市のビジネスセンター中洲、天神付近のビル街
1959（昭和34）年

福岡の中心地天神にはビル（天神ビル）が建設中。写真中央の上側には那珂、さらに上側には博多川が流れ、その間に中州がある。那珂川を境に西側が城下町福岡、東側が商人の町、博多であり、写真中央から上、中洲から東側が博多である。1889（明治22）年市制施行の際、わずか1票の差で市名は福岡に決まったが、鉄道（当時は国有化前で九州鉄道）の駅名は博多地区にあることからそのまま博多とし現在に至っている。

提供：読売新聞社

第1章 福岡県

八幡製鉄所 戸畑製造所
1960（昭和35）年

提供：朝日新聞社

官営八幡製鉄所（1901年操業開始）以来の伝統をもつ八幡製鐵（現・新日本製鐵）は創業の地である八幡のほか、1960年、戸畑の埋立地に当時最新鋭の戸畑製造所を建設。写真中央部は建設中の高圧溶鉱炉で1961年に操業が開始され、東洋一の大溶鉱炉といわれた。写真右上には戸畑と対岸の若松を結ぶ若戸大橋が建設中で1962年に開通した。

23

山陽新幹線の
試運転列車とSL
1974（昭和49）年

第1章 福岡県

提供:読売新聞社

SL（蒸気機関車）王国だった九州も1974年に入りSLが次々と引退した。同年6月には筑豊本線のD51とD60が、12月には田川線（現・平成筑豊鉄道）の9600型が引退し、ディーゼル機関車と交代した。1974年12月22日、9600型SLが2台（重連）で牽引する「さよなら筑豊SL号」が門司港〜飯塚間を走った。山陽新幹線と交差する筑前植木付近では新幹線試運転電車と「交差」する演出があった。日曜とあって、沿線は鉄道ファンだけでなく「最後の汽車ポッポ」を目に焼き付けたいという多くの人々でにぎわった。

第1章 福岡県

門司港駅と関門海峡
1964（昭和39）年

写真の左下が門司港駅とホーム。駅舎は1914（大正3）年完成のルネサンス様式で、1988年に重要文化財に指定された。中央左にはレンガ造りの九州鉄道本社の建物が見え、現在は九州鉄道記念館になっている。門司港駅北側は現在は門司港レトロ地区として多くの観光客が訪れる。中央上部には関門国道トンネル（1958年開通）の車道口がある。写真上部の山は企救（きく）半島の先端、古城山で付近は関門海峡を見下ろす和布刈（めかり）公園になっている。現在は門司港駅から半島先端部の「関門海峡めかり」まで門司港レトロ観光線が延びている。

提供：読売新聞社

27

大牟田駅と大牟田市内
第1章 福岡県
1964（昭和39）年

写真の下部を貫くのは国鉄の鹿児島本線と西鉄大牟田線。右下に大牟田駅がある。手前側に西鉄大牟田駅、駅前広場側に国鉄大牟田駅がある。上部には三井化学大牟田工場が見える。西鉄大牟田線は1939(昭和14)年7月に福岡〜大牟田間が全線開通した。写真中央、駅の左上に大牟田市役所が見える。

第1章 福岡県

大牟田駅周辺
1971(昭和46)年

提供:朝日新聞社

大牟田はかつては三井炭鉱のある石炭の街であり、今でも三井の企業城下町である。写真中央を鹿児島本線が貫き、中央上に大牟田駅が見える。大牟田は国鉄と西鉄(西日本鉄道大牟田線)の接続駅で、駅構内南側に貨物ホームがある。右上に三井化学大牟田工場が見える。九州新幹線新大牟田駅は大牟田駅の北東6kmの地点に設けられ、市街地から離れている。

三井三池炭鉱三川坑
1964（昭和39）年

第1章 福岡県

提供：読売新聞社

有明海に面した三井三池炭鉱三川坑の石炭積出施設。中央右側の白い建物が三川坑ホッパー（高架式貯炭施設）、右側には社宅（入船町社宅）が並ぶ。写真には写っていないが、中央下方にレンガ造りの旧三池炭鉱三川電鉄発電所があり、現在は登録有形文化財サンデン本社屋となっている。

田川の炭鉱住宅街
第1章 福岡県
1953（昭和28）年

提供:朝日新聞社

筑豊南部に位置する田川市は明治時代に炭鉱開発に伴って生まれた明治の新興都市で、「月がでたでた月がでた」で知られる炭坑節の発祥の地でもある。写真一面に炭住と呼ばれる炭鉱夫と家族の住宅が並ぶ。炭住は棟割長屋で盆、正月の楽しみも、坑内事故の悲しみも共に分け合う運命共同体だった。炭鉱から湧き出る熱水を利用した24時間入れる共同浴場があり、光熱費も原則会社負担、食糧や日用品も「購買部」で市価より安く買え、生活は比較的「楽」だったとされるが、危険と隣あわせには変わりがなかった。

第1章 福岡県

久留米市中心部
1964(昭和39)年

提供:読売新聞社

久留米市北側から中心部を空撮。写真中央に久留米市役所。右下には石橋迎賓館の庭園、左上に小頭山公園が見える。写真左側を南北に貫く道路は三本松通り。久留米は福岡県筑後地方の中心地である。ブリヂストンはじめゴム工業で知られる工業都市で、写真右上に月星ゴム(現・ムーンスター)の工場があり、その先を国鉄鹿児島本線が通っている。

提供:読売新聞社

第1章 福岡県

山田市街
1964（昭和39）年

山田市（現・嘉麻市）は筑豊炭田の南部、遠賀川上流に位置し「炭鉱密集地帯」であった。写真左上に国鉄上山田線の上山田駅があり、構内には石炭車が停まっている。写真右側を遠賀川が流れる。上山田線は石炭輸送のため1901（明治34）年に開通し、1966年に豊前川崎まで延長されたが1988年に全線廃止された。現在、上山田駅跡には嘉麻市山田図書館がある。

提供:読売新聞社

第1章 福岡県

二日市市街
1964(昭和39)年

写真中央を鹿児島本線が横切り、右に二日市駅の構内が見える。二日市町は1955年に周囲の町村と合併し筑紫野町となり、1972年に筑紫野市となった。今では福岡のベッドタウンである。中央のやや下に筑紫野市役所がある。右上の森は二日市公園。その手前を西鉄大牟田線の電車が走っている。左上に西鉄二日市駅と西鉄の車庫が見える。国鉄と西鉄の二日市駅は直線で約1km離れている。

第1章 福岡県

飯塚付近のボタ山
1953（昭和28）年

提供：朝日新聞社

飯塚市南部の住友忠隈炭鉱のボタ山。ふもとには炭住（炭鉱住宅）が並ぶ。このボタ山は現在でも残り「筑豊富士」とも呼ばれ飯塚駅からもよく見える。かつては黒一色だったが、今では緑の山になっている。ボタ山のボタとは石炭の採掘によって発生する小石や質の悪い石炭などの捨石のことで、それが積み上がって人工の山「ボタ山」となる。円錐形で遠くから見ると三角形の山が幾重にも重なって見える。

第1章 福岡県

直方市街
1964（昭和39）年

提供：読売新聞社

直方市は福岡県の北部、筑豊地区の北部にある。写真左側に複線の筑豊本線、左上に直方駅がある。石炭輸送の拠点で構内には直方機関区の扇形庫（ラウンドハウス）が見える。駅と遠賀川の間に市街地が広がり、商店街にはアーケード（屋根）があり最盛期は「石炭景気」でにぎわった。右側の遠賀川沿いに直方市役所がある。右上に筑豊電鉄の遠賀川鉄橋があり、その左側に筑豊直方駅がある。

提供:読売新聞社

第1章 福岡県

大宰府天満宮と西鉄太宰府駅
1964（昭和39）年

写真中央に菅原道真ゆかりの大宰府天満宮、その上方に菖蒲池がある。右上に西鉄太宰府線大宰府駅がある。西鉄太宰府線は1902（明治35）年3月、大宰府馬車鉄道（軌間914mm）として二日市～太宰府間が開通した西鉄最古の路線である。1927年に電化されて1435mmに改軌され、1934年に九州鉄道（西鉄の前身）に合併された。天満宮と太宰府駅を結ぶ参道が見える。

第1章 福岡県
遠賀川駅付近
1971（昭和46）年

提供：朝日新聞社

写真左側が鹿児島本線遠賀川駅。下が門司港方面。さらに下方に一級河川遠賀川が流れ、鉄道開通以前は筑豊の石炭輸送の船でにぎわった。遠賀川からは鞍手付近で産出する石炭輸送のために建設された国鉄室木線が写真上方、西川の鉄橋付近で左側に分岐し、室木まで11.2kmを結んでいたが1985年に廃止された。さらに室木線分岐点の少し先より写真右側に国鉄芦屋線が分岐し、線路跡は左上の田園に緩やかに弧を描いている。芦屋線は米軍芦屋飛行場（現在の航空自衛隊芦屋基地）の資材輸送、労務者輸送のために建設された遠賀川〜筑前芦屋間6.2kmの路線で1961年に廃止された。

第1章 福岡県

筑後市街
1964（昭和39）年

提供：読売新聞社

筑後市は八女郡羽犬塚町、水田村、古川村、岡山村の一部が1954（昭和29）年に合併して誕生。写真左に鹿児島本線羽犬塚駅がある。中央の森は諏訪神社。羽犬塚は福岡県八女地方の入口で筑後市の代表駅だったが、現在では同じ市内の九州新幹線筑後船小屋駅が代表駅になっている。写真下のさらに先から矢部線が分岐し、隣の八女市の中心、筑後福島を通り黒木まで達していたが1985年に廃止された。写真中央上部に筑後市役所が見える。

43

提供:読売新聞社

第1章 福岡県

行橋駅周辺
1964(昭和39)年

行橋は平尾台、大坂山、英彦山のすそ野に広がる京都(みやこ)平野の中心地。自然豊かな街で写真上部に今川が流れ周防灘に注ぐ。写真下部は行橋駅で、国鉄田川線(現・平成筑豊鉄道)が日豊本線から分岐している。筑豊から田川線経由で行橋を通り石炭積出港である苅田港へ石炭列車がピストン輸送された。構内には行橋機関区があり転車台(ターンテーブル)が設けられていた。駅は1999年に高架化された。

豊前市街
1964(昭和39)年

第1章 福岡県

豊前市は、1955(昭和30)年に周辺町村が合併した宇島市が4日後に改称して誕生。写真中央に豊前市の中心駅、日豊本線宇島駅があり、上方の埋立地に周防灘に面して九州電力豊前火力発電所がある。左上に豊前松江駅があり、日豊本線は周防灘に沿って走る。線路の左(南側)に市立宇島小学校がある。

提供:読売新聞社

博多駅前
西鉄福岡市内線の循環線。1964 (昭和39) 年に移転後の博多駅に乗り入れた。◎1961年

撮影:荻原二郎

貝塚駅
貝塚駅は西鉄福岡市内線と宮地岳線の乗り換え駅であった。◎1967年

撮影:荻原二郎

吉塚駅前
吉塚駅は西鉄福岡市内線と宮地岳線の乗り換え駅であった。◎1967年

撮影:荻原二郎

撮影:荻原二郎

門司駅前
北九州本線門司(国鉄門司港付近)〜砂津間は1985(昭和60)年に廃止。西鉄の急行バスが併走している。
◎1963年

魚町付近
西鉄北方線は狭軌(1067㎜)のため市内線の本線と直通できず、独特なスタイルの電車が走っていた。
◎1959年

撮影:荻原二郎

撮影:江本廣一

北方線
北方線は魚町〜北方間を結んだが1980(昭和55)年に廃止。併走する西鉄バスは西鉄系の西日本車体工業製で、窓の形に特徴がある。◎1964年

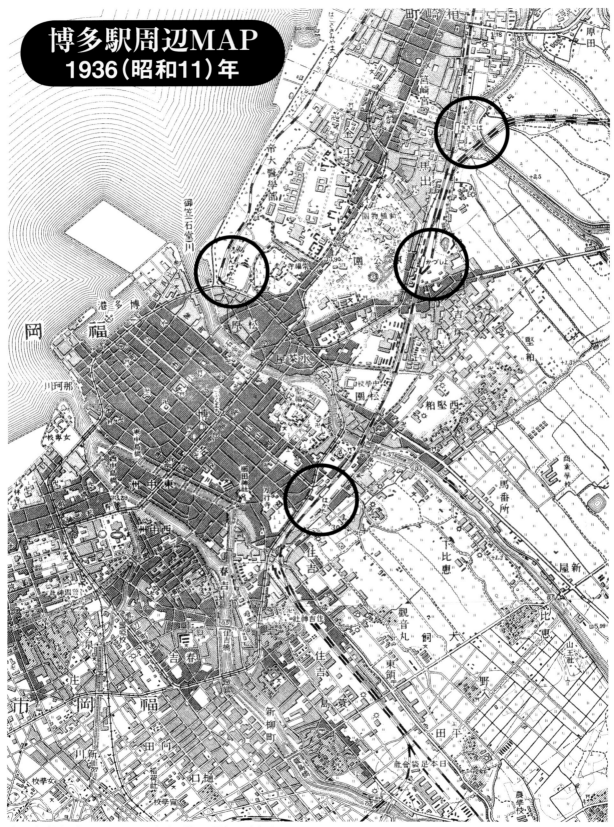

陸軍陸地測量部　1/25000地形図「福岡」「福岡南部」

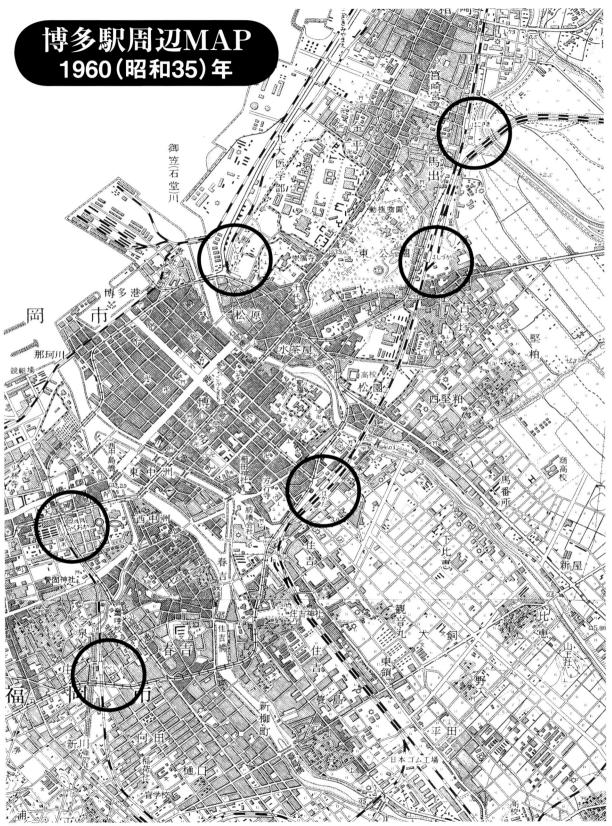

建設省地理調査所　1/25000地形図「福岡」「福岡南部」

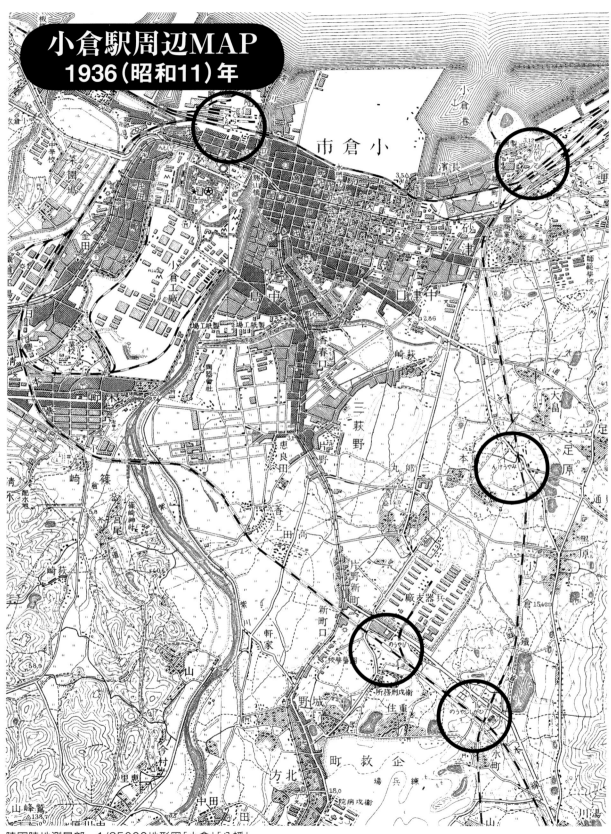

陸軍陸地測量部　1/25000地形図「小倉」「八幡」

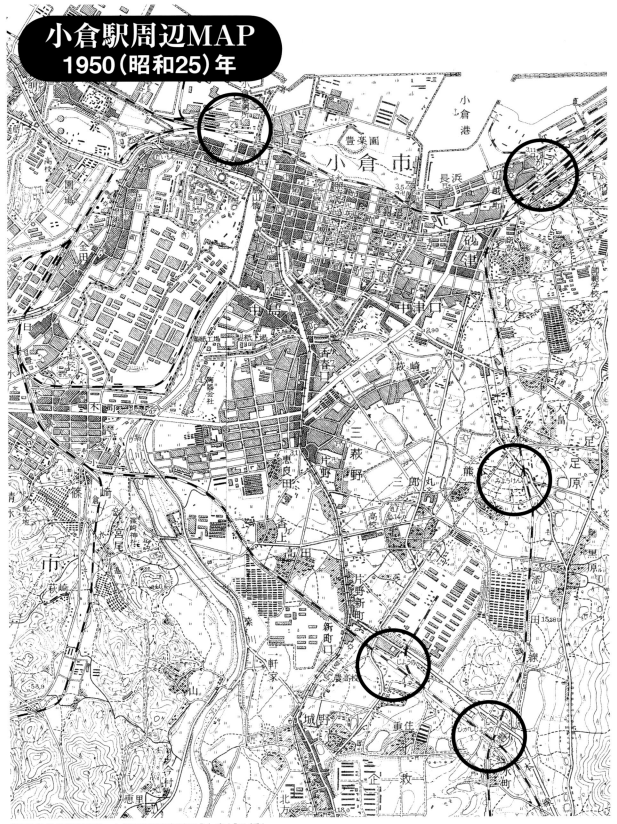

建設省地理調査所　1/25000地形図「小倉」「八幡」

博多駅
博多駅筑紫口は新幹線側。開設当初は空地、駐車場が広がっていたが、現在はビル、ホテルが林立。新幹線ホームの上は駐車場になっている。

撮影：山田虎雄

黒崎駅
黒崎駅は1891（明治24）年に開設、1984年に橋上駅となった。駅南口に1979年から2000年まで黒崎そごうがあったが、現在は井筒屋黒崎店になっている。筑豊電鉄の始発駅で「北九州の副都心」ともいわれる。

撮影：山田虎雄

若松駅
1891年開設。筑豊炭田から石炭の積み出し港で、構内は広く機関区もあった。1984年に旧駅舎が解体され、現在の簡素な駅舎になった。

撮影：山田虎雄

撮影:荻原二郎

折尾駅
1891年開設。わが国初の立体交差駅として知られる。写真の木造2階建て駅舎は1916年に建築され長年「折尾の顔」だったが、折尾駅再開発事業に伴い2012年に取り壊された。

戸畑駅
1902(明治35)年開設。1964年に鉄筋コンクリート4階建ての民衆駅となる。1999年に現駅舎に改築される。

撮影:山田虎雄

大宰府駅
西鉄(西日本鉄道)太宰府線の終端駅として1902年開設。当初は馬車鉄道で軌間914ミリであった。1927年に電化され1435ミリに改軌され、1934年に九州鉄道(西鉄の前身)に合併された。写真の三角屋根の駅舎は1952年建築。1991年に現駅舎に改築された。

撮影:山田虎雄

大牟田駅

1891年に開設。東側の国鉄駅舎は1956年に現在の鉄筋コンクリート造の駅舎に改築。駅反対側（西側）に西鉄大牟田線駅舎がある。

撮影：山田虎雄

姪浜駅

1925年開設。当時は北九州鉄道の駅で1937年に国鉄（当時は鉄道省）の駅となる。1983年に高架化され、福岡市営地下鉄と相互乗り入れを開始。同時に筑肥線博多〜姪浜間が廃止された。

撮影：山田虎雄

直方駅

1891年開設。写真の木造駅舎は1910年に博多駅を移築したとされ、長年親しまれたが2011年に新駅舎になった。駅前に直方バスターミナルがあり西鉄バスが発着し、鉄道のライバルだった。

撮影：山田虎雄

第2章 Saga

佐賀県

質実剛健と焼き物、豊かな自然が佐賀の自慢

江崎グリコ創業者の江崎利一（1882〜1980）は佐賀市の出身。1960年代の中頃まで、「1粒300メートル」の広告塔が立てられていた。◎1964年2月　撮影：山田虎雄

第2章 佐賀県

伊万里市街地
1967（昭和42）年

提供：読売新聞社

写真左側に伊万里駅があり、筑肥線と松浦線（現在は松浦鉄道西九州線）が接続しているが、現在は双方の駅舎は分離された。伊万里は江戸時代は有田焼の積出港として知られ、写真右側を流れる伊万里川の水運で焼物を運び、伊万里津で積替えて写真上部の伊万里湾から各地に運ばれた。画面右側の森は伊万里神社。

鹿島市中心部
1967（昭和42）年

第2章 佐賀県

提供：読売新聞社

佐賀県南部、有明海に面した鹿島市。江戸時代は鍋島藩の支藩鹿島藩の城下町だった。写真左上を長崎本線が通っている。市名は鹿島市だが駅名は常磐線に鹿島駅（福島県南相馬市）があるため旧国名を冠した肥前鹿島駅とした。まわりを田園に囲まれた落ち着いた街である。鹿島市の市制施行は1954（昭和29）年だが、茨城県の鹿島町は1995年の市制施行に際し区別のため「鹿嶋市」とした。

57

第2章 佐賀県

佐賀駅付近
1972(昭和47)年

提供:朝日新聞社

写真右上が高架化される前の佐賀駅。画面下部が長崎方面で、高架化工事が始まっている。写真左に明治以来の木造駅舎があり、構内には貨物ホームもあるが駅前広場は狭く雑然としている。1976年2月に高架化され駅舎は左側(北側)に約200m移転し、同年7月に電化された。旧駅の跡地は再開発され1975年に佐賀市役所が移転した。

第2章 佐賀県

佐賀市中心部
1973（昭和48）年

写真下部が鍋島藩の居城だった佐賀（佐嘉）城址一帯で、左下に県立佐賀西高校がある。中央付近は左側から佐賀県庁新庁舎、本庁舎、図書館、佐賀県体育館（現在は市村記念体育館）が並ぶ。堀を挟んで向き合う形で佐賀市役所（写真左）と商工会館（写真右）があり、右側に佐賀神社がある。写真中央を上方（北側）に延びる中央大通りの突き当りに佐賀駅があり、その北側で鉄道高架化工事が進む。佐賀はクリーク（掘割）が縦横に走る情緒豊かな街である。

提供：朝日新聞社

61

提供：朝日新聞社

第2章 佐賀県

鳥栖駅周辺
1954(昭和29)年

鳥栖市は鹿児島本線と長崎本線が分岐する「鉄道の街」。写真中央部が鳥栖駅とホーム。駅舎は1889年建築の明治の木造駅舎で今でも現役である。構内は広大で鳥栖機関区、操車場が広がる。写真上方で長崎本線が右上に分岐している。機関区の扇形庫(ラウンドハウス)のあたりに現在は鳥栖スタジアムがある。写真右側中央の工場は日本専売公社(現・日本たばこ産業)鳥栖工場で、現在はフレスポ鳥栖になっている。

63

第2章 佐賀県

唐津市街地
1967（昭和42）年

提供：読売新聞社

唐津市は佐賀県の北西部に位置し、玄界灘に面している。写真上部の小高い山は唐津城址で現在は舞鶴海浜公園となっている。その下に見えるグランドは当時県立唐津東高校だったが、現在は私立早稲田佐賀中学・高校になっている。その先では松浦川が唐津湾に注いでいて、舞鶴橋が対岸と結んでいる。写真からは外れるが、対岸には1983（昭和58）年まで東唐津駅があった。中央に唐津市役所がある。

65

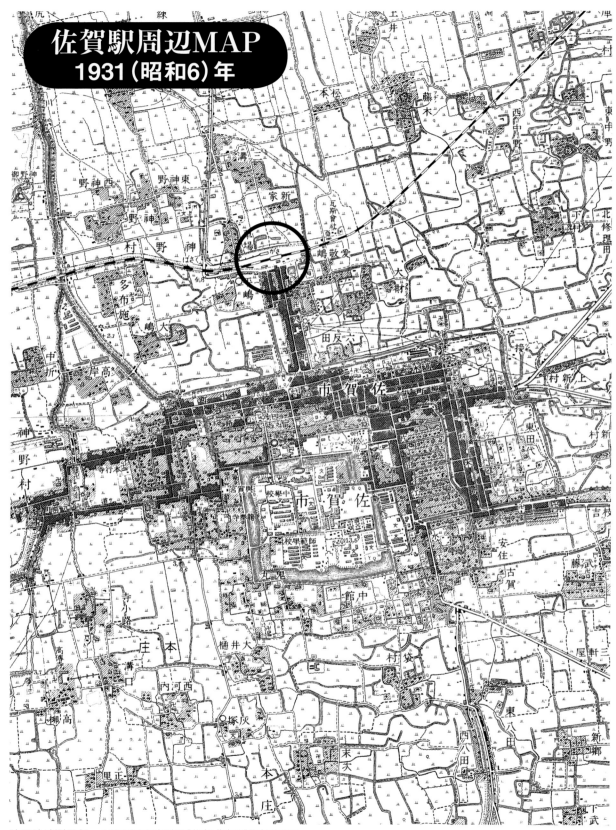

陸軍陸地測量部　1/25000地形図「佐賀北部」「佐賀南部」

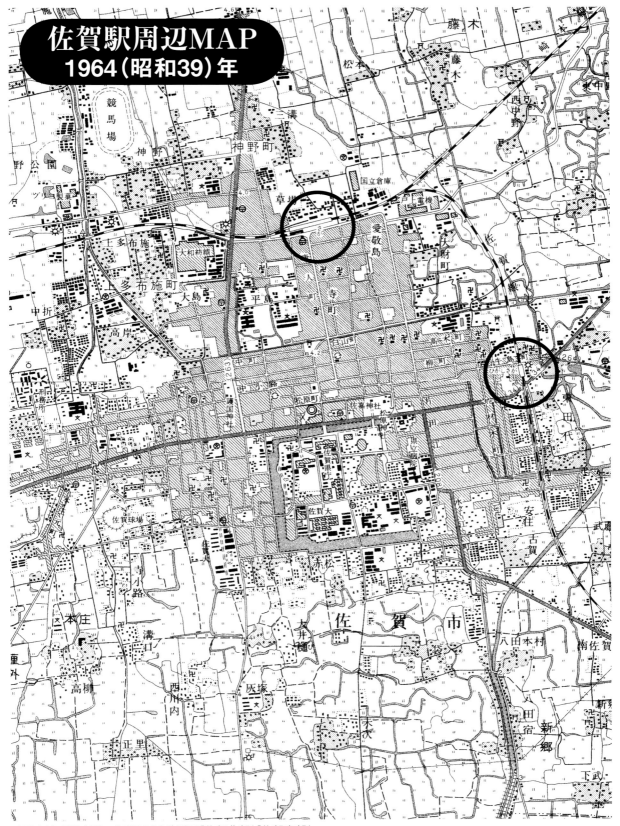

佐賀駅周辺MAP
1964（昭和39）年

建設省地理調査所　1/25000地形図「佐賀北部」「佐賀南部」

鳥栖駅
1889（明治22）年開設。1911（明治44）年に増改築されたが、明治の木造駅舎が21世紀の今日でも現役である。ホームは3本あり、古くから地下乗り換え通路もある。

撮影：山田虎雄

唐津駅
1898（明治31）年開設。松浦川を挟んだ対岸に筑肥線東唐津駅があったが、1983（昭和58）年、筑肥線が電化され唐津に乗入れ、同時に高架線となり、博多まで地下鉄直通電車が走るようになった。東唐津は廃止された。

撮影：山田虎雄

伊万里駅
1898（明治31）年開設。筑肥線と松浦線（現・松浦鉄道西九州線）の接続駅。2002年にJRと松浦鉄道が分離され、新駅舎が完成したが線路は分断された。

撮影：山田虎雄

第3章
Nagasaki

長崎県
街のあちこちに教会、祈りと異国情緒の長崎

戦後の1949年に建てられた3代目の長崎駅駅舎。三角屋根とステンドグラスが多くの人々に親しまれた。
◎1960年頃　撮影：森山正雄

第3章 長崎県

長崎駅周辺
1965（昭和40）年

提供：朝日新聞社

写真中央が長崎駅。構内は長崎港に面し、終端駅らしく車両基地（長崎気動車区、客車区）もある。左下は長崎魚市（魚市場）があり、引込線もあって魚を冷蔵貨車に積み込み、大都市に輸送された。写真下部右側に駅構内から貨物線が延び、長崎港（出島岸壁付近）まで延びていたが1987年に廃止された。写真左側は浦上川。上方に浦上駅、その先に陸上競技場、平和公園、国際文化会館が見える。写真右下で長崎電軌が正覚寺下方面（左側）と蛍茶屋方面（右側）に分かれる。現在、左下の魚市付近は埋め立てられ2015年に長崎県庁が移転した。

第3章 長崎県

長崎駅前
1968（昭和43）年

提供:朝日新聞社

長崎駅は1949年に特徴ある三角屋根の駅舎となり、「平和の象徴」として市民や観光客に長年親しまれたが1999年に取り壊された。2000年にアミュプラザ長崎がオープンしている。駅前は長崎電軌「長崎駅前」電停があり、駅前に屋根の設置工事が進む。写真中央で長崎電軌が正覚寺下方面（左側）と蛍茶屋方面（右側）に分かれる。写真上方に見える教会はカトリック中町教会。

73

第3章 長崎県

長崎市中心部と長崎港
1967(昭和42)年

写真右側中央に長崎駅と長崎車両基地(機関区、客車区)が見える。中央の長崎港に突き出しているのが大波戸ターミナルで五島列島への船が発着していた。その左側(南側)に出島岸壁があり、戦前は長崎港駅があって上海航路の船が発着し接続の旅客列車が運転された。長崎港までの貨物線は戦後も存続したが1987年に廃止された。写真中央の左側の湾曲した川は出島の跡地である。右側上部には稲佐山がある。対岸には三菱重工長崎造船所がある。写真中央下は長崎市役所。

提供:読売新聞社

第3章 長崎県

長崎平和公園と浦上天主堂
1965（昭和40）年

原爆投下から20年後、復興を果たした爆心地付近。写真左側の浦上天主堂は1945年の長崎市への原爆投下で廃墟になったが1959年に再建された。写真中央上部に平和公園があり、その先を長崎本線と長崎電気軌道が横切っている。写真上には右から野球場、ラグビー・サッカー場、陸上競技場がある。左上の建物は1955年建築の国際文化会館。原爆の資料を展示していたが、資料が増えたことや老朽化で取り壊され、1996年に隣接地に長崎原爆資料館が開館した。国際文化会館の場所には2006年に長崎市歴史民俗資料館が開館した。

提供：朝日新聞社

第3章 長崎県

佐世保駅
1965（昭和40）年

提供：読売新聞社

写真中央が佐世保駅。佐世保線の終点で1965年当時、東京へは寝台特急「さくら」、急行「西海」が運転された。写真中央左側に商業中心地（京町、栄町など）がある。佐世保駅から松浦線（現・松浦鉄道西九州線）が北に延び、商業地を横切り写真の上方で国道25号線と交差し、その先に中佐世保駅がある。中央の国道沿いに聖心天守堂（カトリック三浦町教会）がある。佐世保は山が海に迫る天然の良港だが平地が少なく、家並みが山の中腹まで延びている。「軍港」である横須賀、呉、舞鶴と共通する景観である。

79

第3章 長崎県

佐世保港の米軍岸壁
1965(昭和40)年

提供:読売新聞社

写真右側上方に京町、栄町などの商業地があり、佐世保駅から松浦線(現・松浦鉄道西九州線)が北に延び、トンネルを抜けてから国道と交差する。中央の佐世保川の右側も商業地で、その先端が現在佐世保シーサイドパークになっている。佐世保川の左側、佐世保港中央部に在日米海軍佐世保基地の岸壁がある。写真の左上部には海上自衛隊佐世保地方総監部がある。

第3章 長崎県

佐世保駅
1962（昭和37）年

佐世保駅は1898（明治31）年開設、1937（昭和12）年に鉄筋コンクリート造の二代目駅舎（写真）に改築された。戦前、戦中は旧海軍、戦後は米軍、自衛隊の関係者で駅はにぎわう。2001年に高架化され、高架下に駅施設が入った。

島原市街地
1967(昭和42)年

写真下側が島原藩主の居城であった島原城。明治初期に取り壊されたが、1964(昭和39)年に天守閣が復元された。城跡は島原城址公園となっている。城跡の右側(西側)のグランドは県立島原商業高校。上部には1792年の大地震で眉山が崩壊し岩石泥流が海を埋めてできた九十九島がある。

提供:読売新聞社

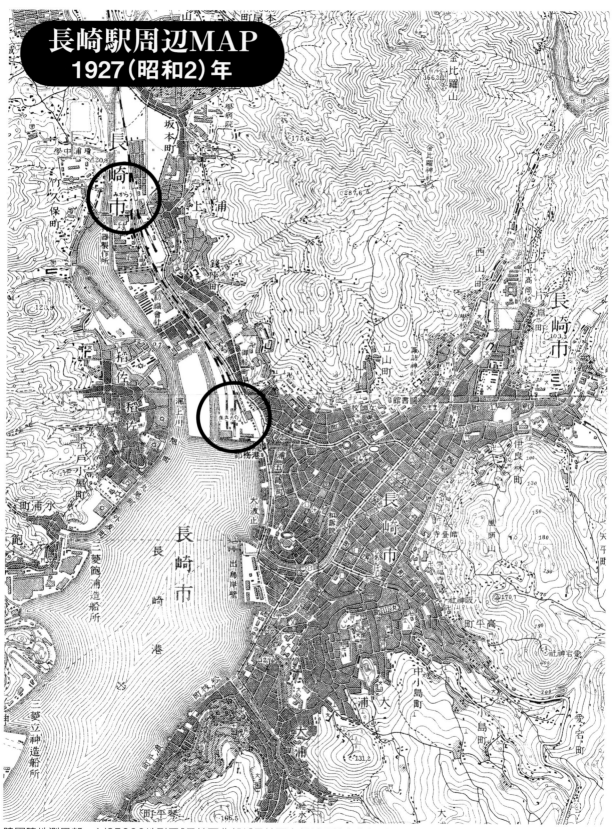

陸軍陸地測量部　1/25000地形図「長崎西北部」「長崎西南部」「長崎東北部」「長崎東南部」

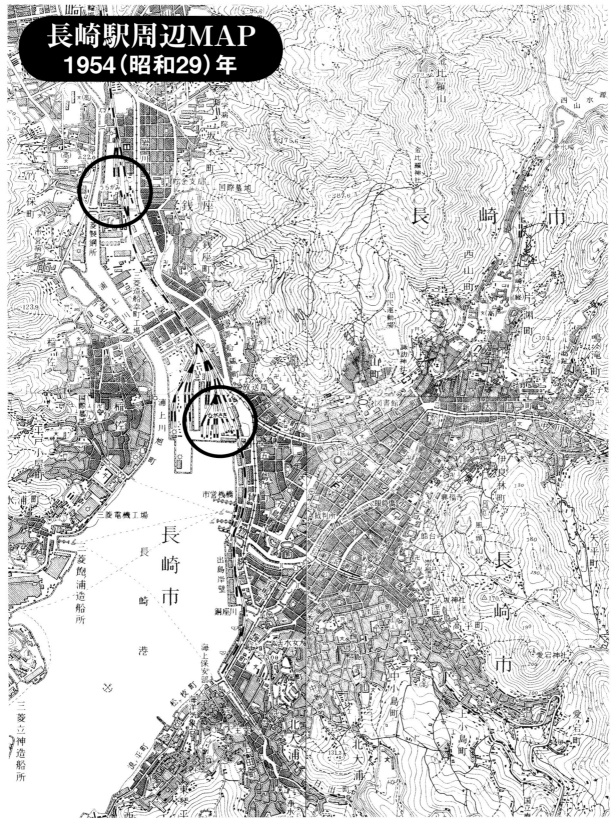

建設省地理調査所　1/25000地形図「長崎西北部」「長崎西南部」「長崎東北部」「長崎東南部」

長崎駅前
長崎電軌の木造電車。駅前のバスターミナルは今でも同じ場所にある。◎1961年

撮影：荻原二郎

諫早駅
島原鉄道は国鉄と同じディーゼル車を購入し、長崎まで直通した。◎1961年

撮影：荻原二郎

島原駅
島原鉄道島原駅は1913（大正2）年開設。長らく木造駅舎だったが1989年に城郭を模した駅舎に改築された。島原鉄道は島原半島を半周し加津佐まで達していたが、2008年に島原外港〜加津佐間が廃止された。

撮影：山田虎雄

第4章
Kumamoto

熊本県

阿蘇の水がうるおす熊本の誇りは森と天守閣

熊本駅前には、熊本城の天守閣再建記念「躍進熊本大博覧会」の広告塔が立てられていた。
◎1962年4月　撮影：山田虎雄

提供:朝日新聞社

第4章 熊本県

熊本駅周辺
1958（昭和33）年

写真中央に改築されたばかりの熊本駅舎（3代目）。鉄筋3階建て、駅舎と熊本鉄道管理局との合築で、名産品を販売するステーションデパートも入っていた。写真下部には車両基地があり熊本機関区、熊本客車区がある。この一帯は現在、九州新幹線熊本駅になり、「駅裏」と呼ばれた「西側」も区画整理され西口駅前広場が整備されている。上部に白川が流れ、右側に白川橋があるが架け替え工事中。熊本市電は駅前から写真左上の中心部に向かって走り、その先に熊本城址（当時は復元前）の一部が見える。

提供:読売新聞社

第4章 熊本県

熊本城と熊本市街
1967(昭和42)年

写真中央下方に、安土桃山時代から江戸時代初期の武将、加藤清正が築城した熊本城がある。明治初期の西南戦争で焼失した天守閣は1960(昭和35)年に復元され市民の誇りになっている。白川が上部を左右に横切り、中央の橋は大甲橋、中央の通りには熊本市電が走り、上方の水前寺方面へ向かっている。

人吉市街と球磨川
1964（昭和39）年

第4章 熊本県

提供：読売新聞社

人吉は人吉盆地の中心で相良氏の居城人吉城の城下町で、日本三大急流のひとつ球磨川が流れる水郷でもある。写真左側には人吉駅と人吉機関区がある。1909（明治42）年、八代から球磨川沿いに人吉、さらに「矢岳越え」で吉松を経由して鹿児島へ達する九州を縦断するルートが開通し、1927年まで鹿児島本線だった。人吉で肥薩線と湯前線（現・くま川鉄道）が分かれ、肥薩線はループ線を通り矢岳越えに向かう。

第4章 熊本県

八代市内の球磨川と前川
1964（昭和39）年

提供：読売新聞社

球磨川の河口に位置する八代市は製紙工場などがある工業都市でもある。写真中央は球磨川河口の三角州。手前が球磨川、写真上方が前川で右側が上流である。三角州上のグランドは市立麦島小学校。写真左上に八代城址公園と八代市役所がある。写真からは外れるが、右上方向に八代駅がある。

第4章 熊本県

特急「はやぶさ」誕生
1958（昭和33）年

提供:朝日新聞社

熊本駅に着いた特急「はやぶさ」の上り1番列車。機関車はC61型、客車は軽量客車だがブルートレインではない。特急「はやぶさ」は1958年10月、東京～鹿児島間に登場、同時期に特急「はつかり」(上野～青森間)も登場し、青森から鹿児島まで特急で結ばれたことがPRされた。

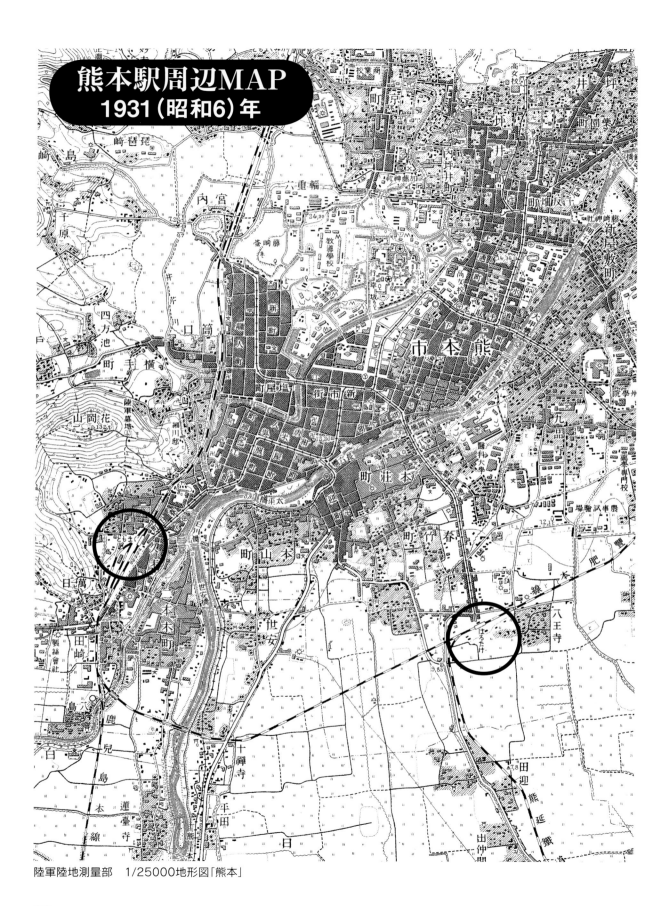

陸軍陸地測量部　1/25000地形図「熊本」

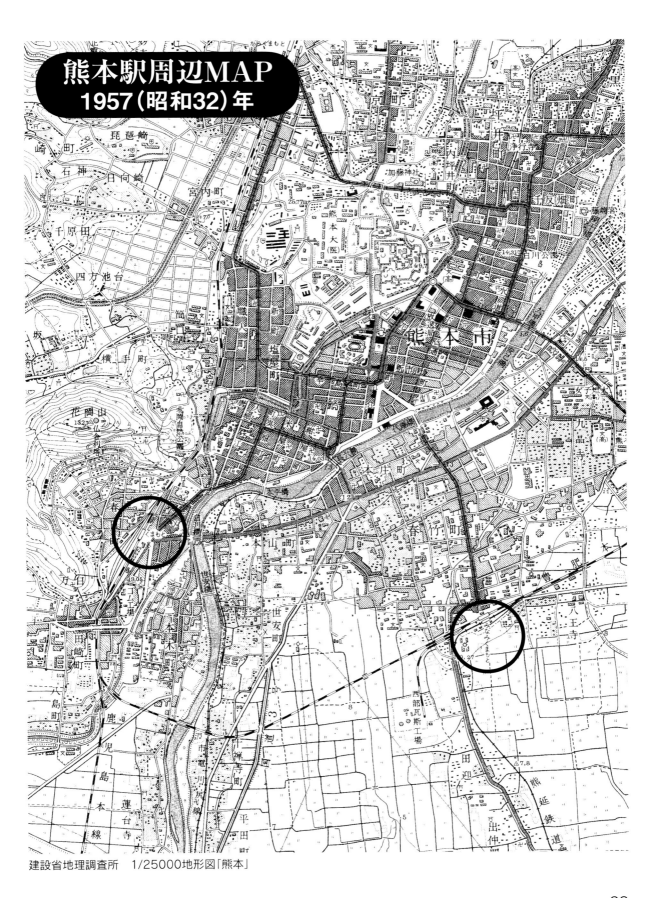

建設省地理調査所　1/25000地形図「熊本」

撮影:山田虎雄

熊本駅
1891(明治24)年開設。1958年に鉄筋コンクリート3階建ての駅舎に改築。2階と3階に鉄道管理局が入り、当時全国の鉄道管理局所在地駅に建てられた「官庁建築」である。中心部の繁華街とは距離があり市電で連絡。

上熊本駅
1891(明治24)年開設。当初は池田駅であったが、1901(明治34)年に上熊本と改称。駅舎は1913(大正2)年に洋風木造建築に改築され近年まで現役だったが、九州新幹線建設のため、2006年に一部が駅前の市電上熊本電停に移築された。

撮影:山田虎雄

水前寺駅
1914(大正3)年開設。写真の駅舎は戦災で焼失した駅舎を1948(昭和23)年に再建したもので、木造平屋建て2003年に橋上駅に改築され、マンションが併設された。1988年に南西600mの地点に新水前寺駅が開設。

撮影:山田虎雄

高森駅

1928(昭和3)年開設。長らく写真の木造駅舎だったが、1986年に高森線の第三セクター南阿蘇鉄道への転換に伴い、1987年にログハウス風駅舎になり、2階の展望台から根子岳はじめ阿蘇の山々が見渡せる。

撮影:山田虎雄

上熊本駅
当時の熊本電鉄では木造電車も走っていた。◎1950年

撮影:江本廣一

上熊本駅
広浜鉄道(国鉄可部線)で走っていた小型電車が熊本電鉄で使用された。◎1959年

撮影:江本廣一

熊本駅前
熊本市電の電車は新鋭の200型。◎1961年

撮影:荻原二郎

子飼橋
子飼橋線は1972年に廃止された。子飼橋は商店街や映画館のある庶民の街で、近くに熊本大学もある。電車は130型で、左側は九州産業交通のバス。◎1964年

撮影:江本廣一

水前寺駅前
元大阪市電の1000型、正面の顔が独特である。◎1966年

撮影:荻原二郎

第5章
Ooita

大分県
別府に昇る湯けむりは温泉県大分のシンボル

大分駅の北口駅舎と駅前広場は1958年に完成。改装を繰り返しながら2012年の高架化まで使用された。
◎1964年2月　撮影：山田虎雄

第5章 大分県

大分駅周辺
1959（昭和34）年

提供:朝日新聞社

大分駅は1958（昭和33）年に駅施設と大分鉄道管理局と合築した駅舎が完成し、店舗（ステーションデパート）も設けられた。駅舎の右側（東側）には貨物ホームがある。駅構内には車両基地もあり画面右下には大分機関区がある。駅前（駅北側）から大分交通別大線の路面電車が発着していたが1972（昭和47）年に廃止された。写真上方の大きな店舗はトキハ百貨店。大分駅は2012年に高架化が完成し、2015年にアミュプラザおおいたがオープンした。

提供:読売新聞社

第5章 大分県

大分県庁と府内城址
1965(昭和40)年

写真中央が1962(昭和37)年に竣工した大分県庁舎。その右側の大手門前通りは花壇のある遊歩公園で彫刻がたくさん置かれた彫刻公園になっている。大分は戦災復興の際に街路を広くとり整然とした街並みである。大分は松平氏の居城、府内城の城下町。写真中央下は府内城址にあった大分県庁旧庁舎。右下には大分市役所があり、その前を昭和通り(国道197号)が横切っている。上部には大分川が流れ、国鉄日豊本線の鉄橋がある。日豊本線の大分市内高架化は地元の強い要望だったが、2012年に完成した。

別府タワー
第5章 大分県
1966（昭和41）年

提供：読売新聞社

泉都別府の中心北浜付近。写真中央にいわゆる観光タワーとして1957年に開設された別府タワーがある。船からもよく見える別府のランドマークで、現在で登録有形文化財になっている。その上を国道10号線が横切り、大分交通別大線の路面電車が走っていたが1972年に廃止された。写真上を日豊本線の高架線が横切り、左側に別府駅が見える。写真から外れるが右側に関西汽船別府桟橋があった。別府と神戸・大阪を結ぶ関西汽船の別府航路は神戸まで13時間で国鉄の急行と変わらず、観光客や出張ビジネス客に人気があった。

第5章 大分県

別府温泉街
1966（昭和41）年

提供：読売新聞社

別府温泉街の北西に鉄輪温泉があり、この付近は地下から絶えず蒸気が熱湯、熱気が噴出する「地獄」がなり、別府地獄めぐりは観光資源である。鉄輪は山の手で至るところから白い天然蒸気が噴出する独特の景観で民家ではその蒸気を炊事に利用している。共同温泉場も至るところにあり、地域住民に限り利用できる。

提供:読売新聞社

第5章 大分県

中津市街地
1964(昭和39)年

中津は山国川に位置する城下町。大分県の北端で福岡県との県境にあり、北九州の影響が強い。写真上方を山国川が流れるが、途中で中津川が分流しその間に中州がある。写真中央の右下から左上に日豊本線が通り、右下は中津駅。1977(昭和52)年に高架化された。画面上方の中津川(手前の川)沿いに中津城がある。写真から外れるが右上の先に福澤諭吉旧宅と福澤記念館がある。

111

第5章 大分県

九重連山を飛ぶDC-3
1960（昭和35）年

提供:朝日新聞社

九重連山を背景に飛行する全日本空輸の旅客定期便DC-3型機。当時の九州の空港は、福岡空港を除けば小型の双発プロペラ機による運行が中心で、輸送力も小さかった。全日空では前身の「日本ヘリコプター輸送」時代の1955年にDC-3を導入している。

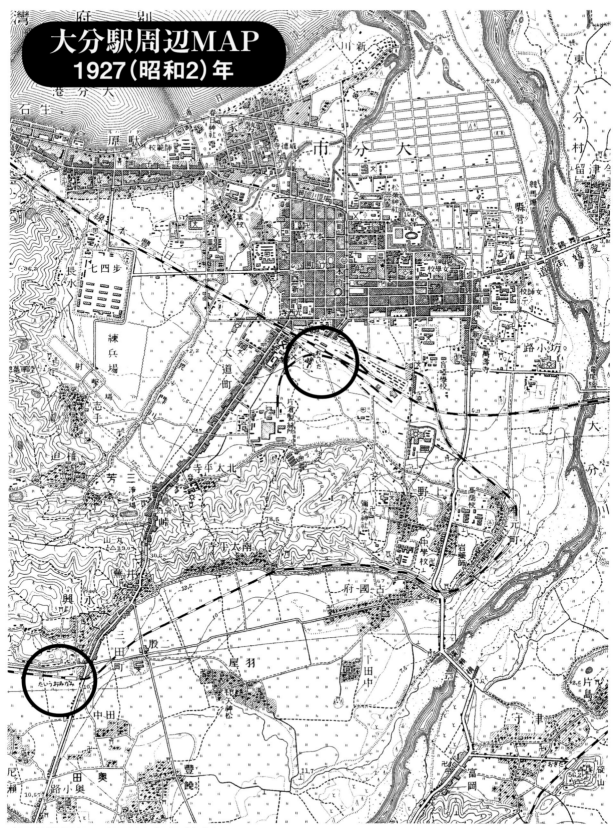

陸軍陸地測量部　1/25000地形図「大分」

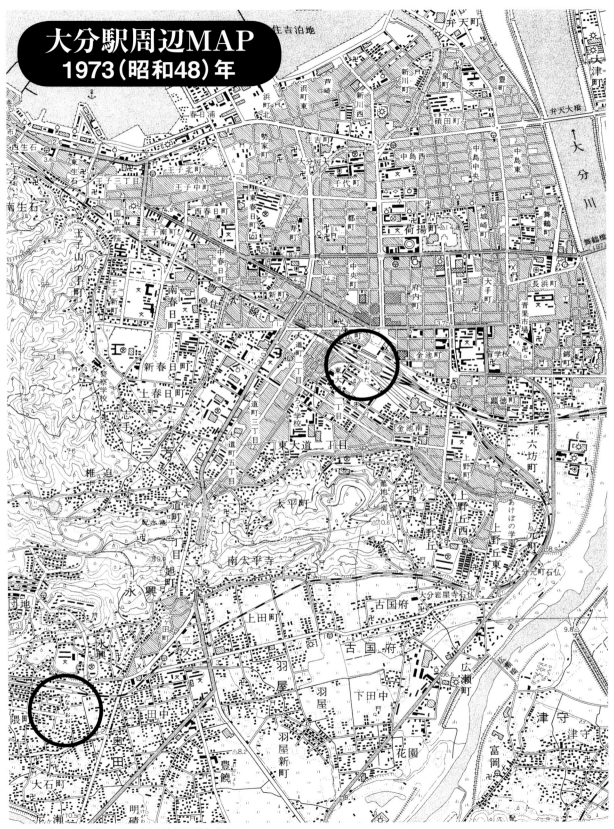

建設省地理調査所　1/25000地形図「大分」

大分駅
1911(明治44)年開設。当時は町はずれの田んぼの中の駅だった。この明治の駅舎が1958(昭和33)年に鉄道管理局との合築駅舎に改築されるまで使われた。写真左のクスノキが駅の名物だった。

撮影:荻原二郎

別府駅
1911(明治44)年開設。明治の木造駅舎が1966(昭和41)年の高架化工事まで使われた。駅前から別府の中心北浜まで約500mの間に大分交通の路面電車があったが1956(昭和31)年に廃止。

撮影:山田虎雄

中津駅
1897(明治30)年開設。開設時の木造駅舎が高架化工事着工まで使われた。1977(昭和52)年に高架化完成。駅北口には中津が生んだ明治の思想家、福澤諭吉の像がある。

撮影:山田虎雄

宇佐駅
1909年開設。日本三大八幡宮のひとつである宇佐八幡（宇佐神社）の最寄り駅。神社風の建物である。現在は鉄筋の駅舎に建替えられているが、柱などが朱塗りで神社のイメージを強調している。

撮影：荻原二郎

大分駅前
大分交通別大線は1900（明治33）年に開業した大分と別府を結ぶ都市間連絡電車だった。◎大分駅前　1959年1月

撮影：荻原二郎

北浜付近
大分交通別大線は1930年に亀川まで開通したが1972年に全線廃止。バックは別府タワー、写真右に亀の井バスの車庫があり地獄めぐりの看板が見える。◎北浜　1959年1月

撮影：荻原二郎

下郷駅
大分交通耶馬渓線は中津－守美間を結んでいたが1975年に廃止された。写真は流線形ディーゼル車のキハ100型。◎1962年1月

撮影：荻原二郎

宇佐八幡駅
大分交通参宮線、大分交通宇佐参宮線は豊後高田－宇佐－宇佐八幡を結んでいたが1965年に廃止された。

撮影：江本廣一

杵築駅
大分交通国東線は国東半島を半周し、杵築－国東間を結んでいたが1966年に廃止された。

撮影：江本廣一

第6章
Miyazaki

宮崎県

新婚旅行のメッカだった太陽と緑の国、宮崎

宮崎駅の駅舎は1945年の宮崎大空襲で焼失。1950年に建築され、1990年代初頭の高架化工事の際まで使用された。
◎1960年頃　撮影:森山正雄

第6章 宮崎県

宮崎駅周辺
1962（昭和37）年

提供:朝日新聞社

写真下部が木造平屋建ての宮崎駅。駅の裏側（東側）には機関区、客車区など車両基地がある。この時代の宮崎駅は木造平屋建てでホームは2本で1〜3番線だけである。写真右下に貨物ホームがあり倉庫が並んでいる。構内（写真下部）には宮崎機関区がありターンテーブルが見える。客車基地もあり客車が並んでいる。宮崎駅は1993（平成5）年に高架化され新しい駅舎になった。駅前から写真上部の大淀川までのまっすぐな通りは高千穂通り。中央の橘通りとの交差点付近が宮崎の繁華街である。

第6章 宮崎県

大淀川沿いの宮崎市役所
1965（昭和40）年

提供：読売新聞社

写真中央の下部は宮崎市役所で大淀川に面している。右側が橘橋。右側の川沿いの先には新婚客向けのデラックスホテルがある。写真中央は宮崎県庁。左側上部は宮崎の商業中心地で山形屋、寿屋百貨店がある。

第6章 宮崎県　都城市街地
1964（昭和39）年

提供：読売新聞社

都城は宮崎県南部の中心で、農業、畜産業が盛んである。かつては薩摩藩に属し島津四万石の城下町で「都城」の名はここからつけられた。宮崎県だが今でも鹿児島の影響力が強い。中央左に都城駅があり、構内に車両基地（機関区、客車区）がある。写真の右側で吉都線と日豊本線が分岐している。宮崎への鉄道は最初は人吉、吉松経由で当時の鹿児島本線から分岐し都城まで1913（大正2）年に開通し、1916（大正5）年に宮崎まで開通した。大分方面から宮崎までは1923（大正12）年に開通している。

第6章 宮崎県

平和の塔
1964（昭和39）年

提供:朝日新聞社

宮崎市街の北側、県立平和台公園内にある平和の塔（八紘一宇塔）。八紘一宇（はっこういちう）とは「皇威（皇室の権威）による世界統一」の意味であるが「日本が中心となって世界が一つの家族のように仲良くする」意味との説もある。「神話の里」宮崎にふさわしい塔として1940（昭和15）年に建設された。戦後は平和の塔と改称され、塔に刻まれた「八紘一宇」の文字も削られたが、1965年に文字が復活した。画面上部、右下から左上に大淀川が流れる。

125

延岡の中洲
1967（昭和42）年

第6章 宮崎県

提供：読売新聞社

写真中央を東西に流れる川は五ヶ瀬川、写真上方が大瀬川。延岡は旭化成の企業城下町で写真左上に旭化成の工場があり、その先に南延岡駅がある。延岡は水量が豊富でそれを水力発電と工業用水に利用でき化学工業が発展した。写真左側の先（下流側）に日豊本線が南北に通っている。写真右側の中洲上に延岡市役所がある。写真右上の山は愛宕山で展望台があり市内を見下ろせる。

第6章 宮崎県 日南市飫肥の市街地
1967(昭和42)年

提供:読売新聞社

日南市飫肥は飫肥藩の城下町で九州の小京都と呼ばれる。写真右上が飫肥城址で、付近には武家屋敷もあり、伝統的建造物保存地区になっている。左側に大きく蛇行する川は酒谷川。中央を上下(東西)に国道222号が貫き、両側は旧商家・町人町で古い建物が保存、復元されている。写真から外れるが、右下の先に日南線飫肥駅がある。

青島駅
現在のJR日南線はかつて私鉄で、1913年に南宮崎〜内海間を開通させて宮崎軽便鉄道と称した。軌間は1067mm、ドイツ・コッペル社製の小型SLと蓄電池式動車が走った。◎1960年

撮影:荻原二郎

青島駅
宮崎軽便鉄道は戦時中にバス事業と統合され宮崎交通になり、戦後に蓄電池機関車が導入された。◎1960年

撮影:江本廣一

青島駅
宮崎交通の木造客車。宮崎交通は1962年に全線が廃止され、南宮崎〜青島間の路盤はそのまま国鉄日南線に転用された。国鉄日南線は1963年5月に南宮崎〜北郷間が開通した。◎1960年

撮影:江本廣一

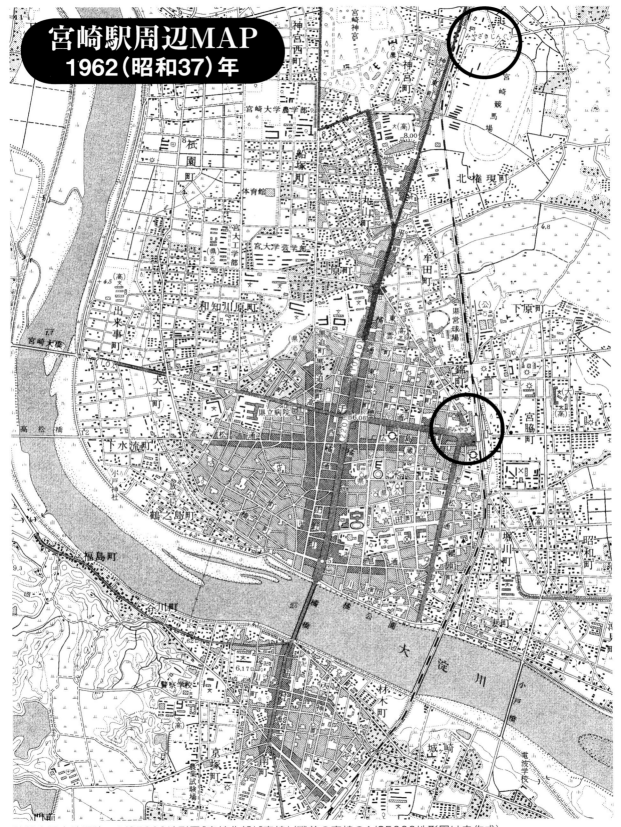

建設省国土地理院　1/25000地形図「宮崎北部」「宮崎」(戦前の宮崎の1/25000地形図は未作成)

撮影:荻原二郎

延岡駅
1922(大正11)年開設。1965(昭和40)年に現駅舎に改築されるまで使用された。延岡市の中心駅だが隣の南延岡駅に運転上の拠点があり、南延岡を始発、終着とする列車が多かった。

都城駅
1913(大正2)年開設。1975(昭和50)年に現駅舎に改築されるまで使用された。駅構内は広く客車とディーゼル車の車両基地があった。都城から鹿児島までは開設時は吉松経由だったが、1932(昭和7)年に現在の路線(国分経由)が開通した。

撮影:荻原二郎

小林駅
1912(大正元)年開設。開設時の駅舎が今でも使われているが改装されている。霧島連山が駅から眺められる。駅前の国鉄バス(宮林線)は宮崎駅〜小林駅間を国道10号、268号経由で約2時間で結び、1日12往復が運行された。

撮影:山田虎雄

第7章
Kagoshima

鹿児島県

桜島の情熱の火が維新の原動力鹿児島を造った

従来の鹿児島駅に代わって、1971年からは西鹿児島駅（現・鹿児島中央駅）が旅客の発着駅となり、駅前広場の拡張も行われた。◎1972年5月　撮影：山田虎雄

第7章 鹿児島県

西鹿児島駅から桜島を望む
1965（昭和40）年

提供：読売新聞社

西鹿児島駅は太平洋戦争末期の鹿児島空襲で被災し、戦後の1950（昭和25）年に民衆駅（地元が建設を負担する）として復旧し、その三角屋根の駅舎が長年親しまれた。1996年に在来線と直角に交わる形で新しい橋上駅となり「フレスタ鹿児島」がオープン。2004年3月の九州新幹線開通時に鹿児島中央と改称され、同年9月「アミュプラザ鹿児島」がオープンしている。1965年時点で西鹿児島から東京へは寝台特急「はやぶさ」で22時間30分、急行「霧島」で約27時間。今から振り返ると気の遠くなるような長旅だった。駅前からナポリ通りが桜島方向にまっすぐ延びている。

第7章 鹿児島県

川内市街
1964（昭和39）年

提供:読売新聞社

鹿児島県北部に位置する川内市（現・薩摩川内市）。写真中央の川内川と右側に分かれる平佐川に囲まれた中州に市街地がある。写真中央右の中州上に川内市役所、中州上部（東側）に国鉄鹿児島本線川内駅がある。写真左下は製紙工場（中越パルプ川内工場）である。画面中央を国道3号線が左右に横切っている。写真からは外れるが川内川河口には川内原子力発電所がある。

鹿屋市中心部
1961(昭和39)年

第7章 鹿児島県

提供：読売新聞社

鹿屋は台地上で平坦なため戦前・戦中は旧海軍航空隊の基地が、戦後は1953(昭和28)年に海上自衛隊鹿屋基地が置かれ、今でも基地の街である。志布志から鹿屋を通り国分まで国鉄大隅線が通じていたが1987年に全線廃止された。写真中央を肝属(きもつき)川が流れ、その右側に旧鹿屋市役所がある。鹿屋市役所は1991年、大隅線鹿屋駅跡地に移転した。写真左側の通りは国道269号。

阿久根市街地
1965（昭和40）年

提供：読売新聞社

鹿児島県北部の阿久根は東シナ海に面した水産業の街。写真中央を山下川が流れる。左側の海岸線は現在では埋め立てられ、倉庫などの漁業施設が整備されている。写真右下から左上に向かって鹿児島本線（現・肥薩おれんじ鉄道）と国道3号線が平行している。写真中央左に阿久根駅がある。沖に浮かぶ無人島阿久根大島はマリンスポーツのメッカで渡し船がある。

第7章 鹿児島県
薩摩大口駅周辺
1964（昭和39）年

提供：朝日新聞社

鹿児島県北部の伊佐地方は米どころとして知られ、川内川沿いに肥沃な平野が広がる。その中心地大口市（現在は伊佐市）の玄関が薩摩大口駅（画面中央）。肥薩線栗野と鹿児島本線（肥薩おれんじ鉄道）水俣を結ぶ山野線と宮之城線（薩摩大口〜川内）が交わる交通の要衝であった。構内には機関区（吉松機関区薩摩大口支区）もあり、駅前のビルは南国交通のバスセンターである。宮之城線は1987年、山野線は1988年に廃止され、薩摩大口駅跡には現在、大口ふれあいセンターがあり、鉄道記念資料館がある。

第7章 鹿児島県 指宿市街地
1967（昭和42）年

提供：読売新聞社

薩摩半島南端の指宿は温泉の街で1メートルも掘れば温泉が湧いてくる。写真左の摺ヶ浜海岸は天然砂蒸し温泉で知られる。写真左上が大山崎でその手前は指宿温泉の中心で現在はデラックスホテルがある。写真右上の半島はカツオ漁港で知られる山川に突き出した金比羅鼻。

第7章 鹿児島県

枕崎市街地
1967（昭和42）年

提供：読売新聞社

薩摩半島南部の枕崎はカツオ漁で知られ花渡川河口に位置する。写真中央は枕崎港。写真右側中央に枕崎市役所がある。写真から外れるが、右側の市街地に指宿枕崎線枕崎駅があり、ホーム１本の無人駅であるが2013年に小ぶりな駅舎ができた。

第7章 鹿児島県

名瀬市街地
1965（昭和40）年

提供：読売新聞社

奄美大島の中心地、名瀬市（現・奄美市）と名瀬港。三方を山に囲まれた天然の良港で鹿児島と沖縄の中間点でもある。鹿児島から船で16時間（現在は12時間）、写真中央に名瀬（現・奄美）市役所がある。現在では鹿児島との連絡は飛行機が中心で島の東端にある奄美空港に発着する。

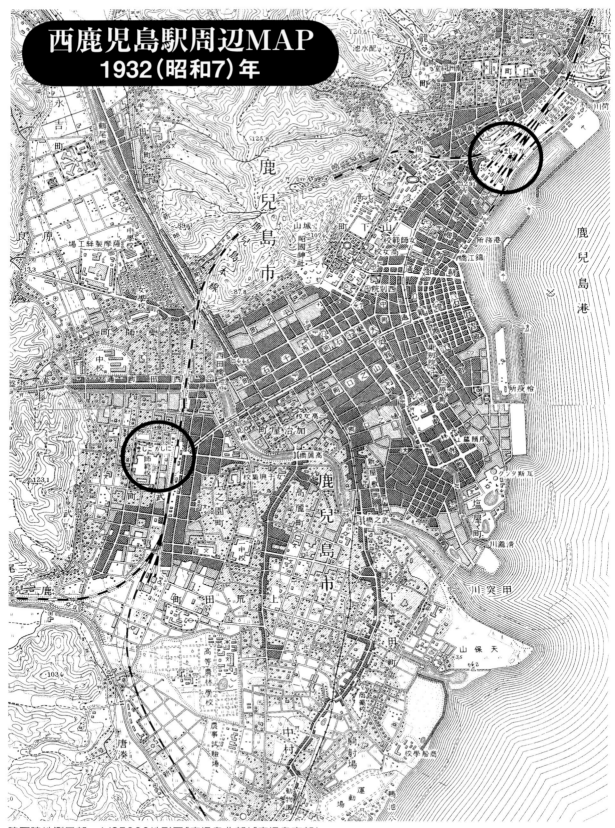

陸軍陸地測量部　1/25000地形図「鹿児島北部」「鹿児島南部」

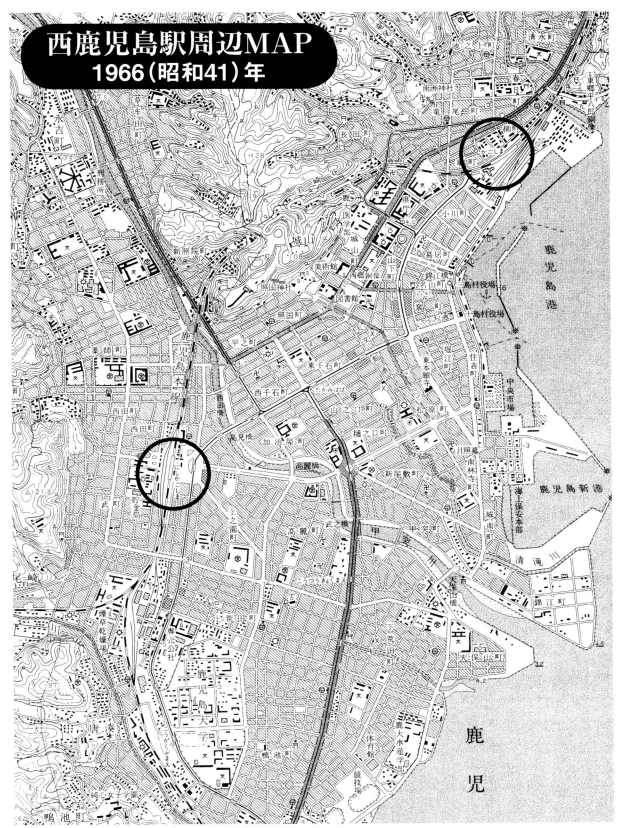

建設省地理調査所　1/25000地形図「鹿児島北部」「鹿児島南部」

撮影:山田虎雄

鹿児島駅

1901(明治34)年開設。鹿児島、日豊本線の接続駅、県庁(現在は移転)、市役所など官庁街に近く、駅前に市電が発着。1960年代から通勤列車の一部を除き西鹿児島(西駅)が始発終着駅となったため、西鹿児島を「鹿児島」と改称する動きが70年代からあったが、鹿児島駅(本駅)周辺の商店街や市民の反対も強く、2004年3月の九州新幹線開通時に「西鹿児島」を「鹿児島中央」と改称することでようやく決着した。

志布志駅

1925(大正14)年開設。志布志線(西都城〜志布志)、日南線(南宮崎〜志布志)、大隅線(国分〜志布志)が集まる大隅半島の交通の要衝だった。1987年に志布志線と大隅線廃止。1990年、東に100メートル移動した。

撮影:山田虎雄

指宿駅

1934(昭和9)年開設。当初は西鹿児島からの指宿線の終端。枕崎までの全通は1963(昭和38)年。写真の駅舎は開設時からの駅舎。1980年に鉄筋コンクリート2階建ての駅舎に改築された。

撮影:山田虎雄

撮影:荻原二郎

鹿児島市役所前
鹿児島市電として走る電車は元東京都電の木造車。右側の鹿児島市役所は1937年建築、現在は登録有形文化財になっている。◎1961年

枕崎駅
1931(昭和6)年に南薩鉄道(後の鹿児島交通枕崎線)の駅として開設。1963年、指宿枕崎線が開通し枕崎駅に乗り入れたが線路はつながっていなかった。写真の駅は鹿児島交通が所有し、枕崎〜鹿児島を1時間50分で結ぶバスの看板がある。1984年に鹿児島交通枕崎線廃止、駅舎は2006年に解体され、駅も100メートル移設されホーム1本の無人駅となった。2013年に小ぶりな駅舎が新築された。

撮影:荻原二郎

撮影:荻原二郎

加世田駅
鹿児島交通枕崎線は伊集院から枕崎まで薩摩半島を縦断していたが、1984年に廃止された。◎1965年

山田 亮（やまだ あきら）

1953年生、慶応義塾大学法学部卒、慶応義塾大学鉄道研究会OB、鉄研三田会会員、神奈川県庁勤務、鉄道研究家で特に鉄道と社会の関わりに関心を持つ。

1974年、毎日新聞社からの依頼で国鉄（当時）における「最長片道切符の旅」を取材し、「毎日グラフ」誌に掲載。

1981年「日中鉄道友好訪中団」（竹島紀元団長）に参加し、北京および中国東北地区（旧満州）を訪問。

2001年、三岐鉄道（三重県）70周年記念コンクール「ルポ（訪問記）部門」で最優秀賞を受賞。（鉄道ジャーナル2001年9月号掲載）。現在、日本国内および海外の鉄道乗り歩きを行う一方で、「鉄道ピクトリアル」などの鉄道情報誌に鉄道史や列車運転史の研究成果を発表している。

（主な著書）

「相模鉄道、街と駅の一世紀」（2014、彩流社）

「上野発の夜行列車・名列車、駅と列車のものがたり」（2015、JTBパブリッシング）

「JR中央線・青梅線・五日市線各駅停車」（2016、洋泉社）

「南武線、鶴見線、青梅線、五日市線、1950〜1980年代の記録」（2017、アルファベーターブックス）

「常磐線、街と鉄道、名列車の歴史探訪」（2017、フォト・パブリッシング）

【写真提供】

読売新聞社、朝日新聞社

江本廣一、荻原二郎、森山正雄、山田虎雄

【参考文献】

「各駅停車、全国歴史散歩」（福岡県、佐賀県、長崎県、熊本県、大分県、宮崎県、鹿児島県編）

（1979〜1984、河出書房新社）

吉富実著「西鉄電車。特急電車から高速バス・路線バスまで」（2014、JTBパブリッシング）

田栗優一著「長崎「電車」が走る街、今昔」（2005、JTBパブリッシング）

中村弘之著「熊本市電が走る街、今昔」（2005、JTBパブリッシング）

水元景文著「鹿児島市電が走る街、今昔」（2007、JTBパブリッシング）

「新日本大観」No.15（九州地方Ⅰ）、No.16（九州地方Ⅱ）、No.17（九州地方Ⅲ、沖縄）（1963、世界文化社）

1960〜70年代
空から見た九州の街と鉄道駅

発行日……………2018年7月10日　第1刷　　※定価はカバーに表示してあります。

著者………………山田 亮
発行者……………春日俊一
発行所……………株式会社アルファベータブックス
　　　　　　　　　〒102-0072　東京都千代田区飯田橋2-14-5 定谷ビル
　　　　　　　　　TEL. 03-3239-1850　FAX.03-3239-1851
　　　　　　　　　http://ab-books.hondana.jp/

編集協力…………株式会社フォト・パブリッシング
デザイン・DTP………柏倉栄治
印刷・製本…………モリモト印刷株式会社

ISBN978-4-86598-838-3 C0026

なお、無断でのコピー・スキャン・デジタル化等の複製は著作権法上での例外を除き、著作権法違反となります。